DISSERTATION

SUR

LES LOIS CIVILES

EN GÉNÉRAL.

DISSERTATION

SUR

LES LOIS CIVILES

EN GÉNÉRAL;

PAR

PIERRE-ALEXANDRE FERRIÈRE.

Scire leges, non hoc est verba earum tenere,
sed vim ac potestatem. L. 17, ff. de Legibus.

A PARIS,

Chez Me DUFRESNE, Libraire, Palais de
justice, galerie des prisonniers.

1807.

DISCOURS
PRÉLIMINAIRE.

Sans doute, je ne prétends point
me faire un nom par ce foible
ouvrage, que le lecteur consi-
dérera comme l'essai d'un jeune
homme, dévoué à l'étude des
lois : mais mon but sera rempli,
si cette dissertation peut offrir
aux commençans quelque chose
d'utile, et si je me suis mis à
la portée de ceux qui n'ont même
jamais ouvert un seul livre de
Droit ; car l'étude des lois est
nécessaire non seulement aux

juges pour juger les autres, mais encore aux particuliers pour se juger eux-mêmes.

Quant au jurisconsulte consommé, je le prie d'être aussi indulgent que le jeune étudiant sera sévère à mon égard. Depuis quelque temps moi-même que je marche sous les drapeaux de Thémis, je suis un soldat dont les pas sont encore mal assurés. La lice cependant est ouverte pour nous comme pour tous les autres. Que les vieux guerriers soient nos juges; qu'ils donnent des éloges au vainqueur, et relèvent le courage du vaincu.

Qu'ils n'oublient pas que celui qui chancelle au premier coup de feu, finit souvent par s'y habituer, et devient quelquefois un héros.

Déjà plusieurs jeunes docteurs font retentir le Palais, des excellens préceptes qu'ils ont reçus à l'école de la capitale. La même voie nous est ouverte; les mêmes secours nous sont offerts; nos professeurs sont pour nous ce qu'ils étoient pour eux. On peut dire enfin que le règne du grand NAPOLÉON voit renaître celui de la justice; encore le temps de châtier les ennemis qui

troublent le repos de la France ;
et nous verrons le règne de la
paix.

———

DISSERTATION
SUR LES LOIS CIVILES
EN GÉNÉRAL.

CHAPITRE PREMIER.

Des Lois en général.

SECTION PREMIÈRE.

Définition de la Loi.

RIEN n'est plus nécessaire dans une science, que d'en connoître les principes : ainsi il est important de savoir ce qu'on entend par *loi* en général, pour avoir une parfaite connoissance des lois civiles en particulier.

Je commencerai donc par exposer différentes définitions des lois, que j'ai tirées des auteurs les plus célèbres. Je les ai rassemblées par un double motif : d'abord, parce qu'elles m'ont paru dignes des savans qui les ont données ; en second lieu, parce que j'éviterai au lecteur la peine de feuilleter une foule de volumes, pour les trouver.

Voici une première définition de la loi, dont nous sommes redevables à des peuples que nous traitons de barbares ; elle seule prouve combien ils sont loin de mériter ce nom, qui convient seulement à des sauvages, ou à des êtres auxquels tous principes de droit sont inconnus.

Première Définition.

« La loi est l'émule de la Divinité, le
» premier régulateur de la religion, la
» source du bon ordre ; elle est le prin‑
» cipe de l'équité ; elle crée les mœurs
» et les forme ; elle est le flambeau
» d'une cité ; c'est elle qui annonce la

» justice ; elle est le guide de la vie, et
» l'ame de tout le peuple ». *Æmula
Divinitatis, antistes religionis, fons
disciplinarum, artifex juris boni, mo-
res inveniens atque componens ; guber-
naculum civitatis, justitiæ nunciatrix,
magistra vitæ, anima totius corporis
popularis.* Lindenbruck., *Loi des Wisigoths*, lib. I, tit. 2, cap. 2.

Deuxième Définition.

Selon Cicéron, « la loi est la force
» de la nature, l'ame et la raison du
» sage, la règle invariable du juste et de
» l'injuste. » *Ea est naturæ vis, ea mens
ratioque prudentis, ea juris atque in-
juriæ regula.* Cicero, *de Legibus*, lib. 1.

Le même auteur pense que le mot
loi vient du verbe *legere*, qui veut
dire *choisir* ; car son effet se termine
à l'équité du choix.

Plusieurs savans avancent au contraire, que le mot *loi* tire son origine

d'un autre, qui signifie, *rendre à chacun ce qui lui appartient.*

Quoi qu'il en soit, on voit que l'équité est la base de toutes les lois.

Troisième Définition.

Les mêmes savans définissent ainsi la loi : « La loi est une première raison, » liée avec la nature, qui prescrit le » bien et défend le mal. » (Cicéron attribue cette définition à Chrysippe et à Zénon.)

Quatrième Définition.

« Une loi peut passer pour sage, » lorsqu'elle ordonne avec assurance, » lorsqu'elle commande des choses » justes, lorsqu'elle est facile à exé- » cuter, enfin quand elle s'accorde » avec les règles de la constitution » *Lex bona censeri possit, quæ sit intimatione certa, præcepto justa, executione commoda, cum forma politiæ congrua.* Bacon, *Traité de la justice universelle*, aphor. 7.

Cinquième Définition.

La loi est une règle qui lie tous les citoyens. *Lex est commune præceptum.* L. 1, ff. *de Legibus.*

Sixième Définition.

On trouve dans Domat, que les mots *loi* et *règle* sont synonymes, et signifient ce qui est juste, ce qui est ordonné, ce qui est réglé. On y trouve aussi, que l'on peut distinguer deux idées que donne le mot *loi,* ou *règle :* l'une est l'idée de ce que l'on conçoit être juste, quoiqu'on ne fasse pas de réflexion sur les termes de la loi; et l'autre est l'idée des termes de la loi. Selon cette seconde idée, la loi est l'expression du législateur. Domat, *Lois civiles*, livre I, titre 1, sect. 1.

Septième Définition.

La loi, en général, est une règle prescrite par une autorité à laquelle on est tenu d'obéir. Lajannès, *Principes de la jurisprudence française*, n.° 1.

Cette définition de Prévot de Lajannès est sans doute très-claire, très-simple, et me paroît préférable à toutes les autres. En effet, une définition est une explication courte et précise de la nature et des propriétés d'une chose; et si vous la surchargez de grands mots et de longues périodes, vous transgressez les règles qu'il faut suivre pour qu'une définition soit exacte.

Il est aisé de voir, d'après tous ces différens rapprochemens, que les lois sont les règles de l'ordre universel de la société : car l'ordre ne règne pas là où il n'y a point de lois. On pourra tuer et voler impunément, s'il n'y a point de lois qui punissent l'assassin et le voleur. Les lois sont donc nécessaires au repos, à la sûreté et aux intérêts des citoyens, comme je vais le démontrer.

SECTION II.

Des Effets des Lois.

LES lois ordonnent, défendent, permettent, punissent. *Legis virtus hœc est, imperare, vetare, permittere, punire.* L. 7, ff. *de Legibus.*

1.º Les lois commandent ou ordonnent, lorsqu'elles veulent que telle chose se fasse; alors on les nomme *impératives.*

2.º Les lois défendent, lorsqu'elles prohibent quelque chose; alors on les nomme *prohibitives.*

3.º Les lois permettent, lorsqu'elles laissent le pouvoir de faire quelque chose; alors on les nomme *facultatives.*

4.º Les lois punissent, lorsqu'elles condamnent un coupable à subir une peine; alors on les nomme *pénales.*

Des exemples rendront ceci plus sensible.

Lois impératives.

1.° Les lois impératives ordonnent aux enfans d'honorer et de respecter leurs pères et mères, et ordonnent aux pères et mères de nourrir, entretenir et élever leurs enfans , etc.

Lois prohibitives.

2.° Les lois prohibitives défendent de tuer , de voler; enfin, de faire tort à qui que ce soit, etc.

Lois facultatives.

3.° Les lois facultatives permettent à un propriétaire de jouir des choses dont il a la propriété, etc.

Lois pénales.

4.° Enfin, les lois pénales punissent ceux qui ont fait quelque crime ou quelque faute , etc.

SECTION III.

Des différentes sortes de Lois.

DANS le droit romain, on distinguoit les lois en droit public, qui régloit les manières dont les princes étoient appelés à gouverner, qui concernoit la police des villes, et tous les réglemens publics, etc.; et en droit privé, qui regardoit les particuliers, qui régloit les contrats, les conventions, les hypothèques, les successions, et beaucoup d'autres matières semblables.

Publicum jus est, quod ad statum rei Romanæ spectat; privatum, quod ad singulorum utilitatem. L. 1, §. 2, ff. *de Just. et Jure.*

Les Romains subdivisoient le droit privé en trois parties.

Dicendum est igitur de jure privato, quod tripartitum est. Inst. §. 4, in fine de

1.º Le droit naturel ; 2.º le droit des gens ; 3.º le droit civil.

Collectum est enim ex naturalibus præceptis, aut gentium, aut civilibus. Inst. *ibidem.*

Le droit naturel est inné dans tous les êtres qui respirent. *Jus naturale est, quod natura omnia animalia docuit.* Inst. tit. 2, *de Jure naturali.*

La nature l'a établi chez tous les hommes, et tous l'observent également ; c'est pour cela qu'on l'appelle communément droit des gens. *Jus gentium, quasi quo jure omnes gentes utuntur.* Inst. §. 1 *de Jure nat.*

Le droit civil, au contraire, reçoit le nom du peuple qui l'observe. *Sed jus quidem civile ex unaquaque civitate appellatur.* Inst. §. 2, *de Jure nat.*

Ainsi on dit le droit civil des Français, comme on dit le droit civil des Romains ; comme les Romains eux-mêmes disoient le droit des Athéniens. Inst. *dicto loco.*

En, France nous reconnoissons, 1.° les lois naturelles, autrement immuables, divines ; 2.° les lois positives, autrement arbitraires, humaines.

Les lois naturelles sont ainsi nommées parce qu'elles sont tellement justes, toujours et par-tout, qu'aucune autorité ne peut ni les changer, ni les abolir. *Ratio naturalis jura naturalia corrumpere non potest.* L. 28, ff. *de capite minutis.*

Ainsi, la loi qui ordonne de faire le bien et défend de faire le mal, est une loi naturelle, et qui ne sera jamais abolie.

« La véritable loi *naturelle*, dit Ci-
» céron, est la droite raison, conforme
» à la nature, répandue parmi tous
» les hommes, invariable, éternelle ;
» elle commande le bien, et défend le
» mal : cependant ses commandemens
» ou ses défenses, que jamais l'honnête
» homme ne méprise, ne font nulle

» impression sur l'esprit du méchant.
» Il n'est pas permis de l'abolir; on ne
» peut en retrancher aucune partie,
» ni faire des lois qui lui soient con-
» traires. Le sénat ou le peuple ne peu-
» vent point se dispenser de la suivre.
» Elle n'a pas besoin d'autre inter-
» prète qu'elle-même, pour la rendre
» claire, intelligible. Elle n'est point
» différente à Rome, différente à
» Athènes, différente aujourd'hui, dif-
» férente demain; mais toujours la
» même, immuable, universelle; elle
» oblige toutes les nations, et en tout
» temps. Ainsi Dieu sera toujours le
» même, le précepteur, en quelque
» sorte, le souverain de tous les
» hommes. Il a inventé cette loi, il l'a
» discutée, il l'a promulguée : celui
» qui, oubliant ses intérêts, oubliant
» qu'il est homme, ne s'y soumettra
» pas, trouvera en cela même la pu-
» nition la plus affreuse, dût-il éviter

» tout ce que nous regardons comme
» supplice. »

*Est quidem vera lex recta ratio,
naturæ congruens, diffusa in omnes,
constans, sempiterna; quæ vocet ad
officium jubendo, vetando à fraude
deterreat; quæ tamen, neque probos
frustrà jubet aut vetat, nec improbos
jubendo aut vetando movet. Huic legi
nec obrogari fas est, neque derogari
ex hac aliquid licet, neque tota abrogari potest. NEC VERÒ, AUT PER SE
NATUM, AUT PER POPULUM, SOLVI
HAC LEGE POSSUMUS. Neque est quærendus explanator aut interpres ejus
alius,* etc. Cic. *Fragm. de Rep.* lib. 3.

Le même auteur nous a donné une
autre définition de la loi naturelle. Les
expressions dont il se sert, ont tant de
force, tant d'énergie, qu'il me paroît
très-difficile, pour ne pas dire impossible, de les rendre en français,
sans les affoiblir singulièrement : ainsi

j'offrirai le texte même au lecteur.

Est non scripta, sed nata lex; quam non didicimus, accepimus, legimus, verùm ex natura ipsa arripuimus, hausimus, expressimus; ad quam non docti, sed facti; non instituti, sed imbuti sumus.

Les lois positives sont celles qu'une autorité légitime peut établir, changer et abolir, selon le besoin.

Ainsi, par exemple, la loi qui fixe actuellement à vingt-un ans la majorité fixée autrefois à vingt-cinq, peut changer encore; donc elle est une loi positive.

On peut remarquer deux différentes causes qui ont rendu l'usage des lois positives nécessaire dans la société. Domat, *Traité des lois*, p. 15.

La première cause est la nécessité de régler certaines difficultés qui naissent dans l'application des lois immuables.

Ainsi c'est une loi naturelle que l'on puisse se marier; mais il faut une loi positive qui dise à quel âge, et qui indique les formalités qu'il faut employer. Je pourrois citer beaucoup d'autres exemples; mais celui-ci doit suffire.

La seconde cause des lois positives a été l'invention de certains usages qu'on a crus utiles dans la société.

Ainsi on a inventé la représentation, les rentes constituées, et d'autres semblables institutions dont l'établissement a été arbitraire; et ces matières sont réglées par un vaste détail de lois de même nature. Domat, *ibid.* p. 16.

Les lois positives se divisent en plusieurs classes; savoir, 1.° les lois criminelles, 2.° les lois judiciaires, 3.° les lois civiles, etc. Mais il n'entre pas dans mon dessein d'épuiser ces subdivisions. Je me bornerai aux lois civiles.

CHAPITRE II.

Des Lois civiles.

On entend communément par droit civil (ou lois civiles) les lois qui règlent, entre particuliers, les conventions, les contrats, les testamens, etc.; ce qui comprend plusieurs matières du droit public, du droit des gens, ainsi que du droit ecclésiastique, comme des exemples vont le prouver.

1.° Il arrive souvent des différens entre les particuliers, à l'égard des charges, des fonctions. Cet exemple regarde le droit public.

2.° Il en arrive aussi à l'égard des déclarations de guerre, des traités de paix. Ce second exemple concerne le droit des gens.

3.° Il en arrive enfin, à l'égard des donations que l'on fait aux églises. Ce

dernier exèmple est pour le droit ecclésiastique.

Il faut donc se. former une idée qui
distingue précisément les lois civiles,
du droit public, du droit des gens. Les
Romains, comme je l'ai dit plus haut,
restreignoient les lois civiles aux lois
qui étoient propres à un peuple, *Inst.*
§. 1, *de Jure naturali.* Ainsi, chez eux,
la puissance paternelle, l'usucapion,
le droit de recueillir ou de transmettre
sa succession, celui de faire un testa-
ment, étoient purement du droit civil,
et les étrangers n'y participoient en rien.

Au contraire, les contrats n'étoient
point considérés comme dépendans du
droit civil; ils restoient dans le domaine
du droit des gens, et n'étoient interdits
à personne.

Cette espèce de définition des lois civiles, dans le droit romain, est bien
différente de celle qui en est donnée
dans le droit français; car Domat s'ex-

prime ainsi : « Et pour ce qui est de
» l'idée qu'on doit concevoir du droit
» civil, il suffit de remarquer que nous
» ne bornons jamais le sens de ce mot
» aux lois propres d'une ville ou d'un
» peuple, et que nous ne l'étendons pas
» aussi à toutes les lois qui règlent les
» matières où il peut naître des diffé-
» rens entre particuliers. » *Traité des
lois*, page 22.

Les lois civiles sont écrites, ou non
écrites.

SECTION PREMIÈRE.

Du Droit écrit.

On appelle *droit écrit*, les lois écrites,
ou gravées, sur une matière quel-
conque, avec des caractères propres à
en conserver et en transmettre le texte.
Ainsi les lois de Moïse, gravées sur la
pierre; celles des Décemvirs, tracées
sur douze tables d'airain, étoient des

lois écrites ; de même que parmi nous on donne le nom de *lois écrites* aux volontés que le législateur proclame, sous le nom de *sénatus-consultes,* de *lois,* et de *décrets,* parce qu'il est d'usage en France de conserver les lois par écrit, et de les divulguer par l'impression.

On observera que, dans le langage de nos anciens jurisconsultes, le nom de *droit écrit* paroît spécialement affecté au droit romain, qui n'avoit pas cessé d'être observé dans le midi de la France.

ARTICLE PREMIER.

Des Lois proprement dites.

§. I.er

Définition des Lois civiles.

Les lois proprement dites sont celles que le Corps législatif décrète sur la proposition de l'Empereur, après les avoir communiquées au Tribunat.

§. I I.

Règles pour le Législateur.

Voici les règles que les Wisigoths dont j'ai parlé au commencement de cette Dissertation, ont prescrites au législateur :

« Il ne faut pas que le législateur » dégénère en controversiste ; son style » doit être simple et peu recherché ». *Neque syllogismorum acumine figuras imprimat disputationis, sed puris honestisque præceptis modestè statuat articulos legis.* Lindenbruck, *Loi des Wisigoths*, liv. I, tit. 1, chap. 1.

« Le législateur doit se faire entendre ; » il doit faire voir si la loi est particulière » ou générale. » *Novissimè ostendendum si non pro familiari compendio, sed pro utilitate populi suadetur.* Ibidem, cap. 3.

« Il faut que le législateur sache » parler au peuple ; il faut qu'il soit » clair, afin que ce qui découle de la

» source des lois arrive aisément à
» l'esprit, et que celui qui aura tout
» entendu le possède au point que
» jamais il n'y voie le moindre doute. »
*Erit concionans, eloquio clarus, ut
quidquid ex legali fonte prodierit, in ri-
vulis audientium sine retardatione
recurrat; totumque qui audierit, ita
cognoscat, ut nulla hoc difficultas du-
bium reddat.* Ibidem, cap. 6.

« Il faut aussi que le législateur soit
» d'une prévoyance active; que ses
» dispositions soient fixes; qu'elles
» n'aient rien de flottant ni d'irrésolu;
» qu'il soit lent à punir, prompt à par-
» donner; que l'innocent trouve en lui
» un vengeur, le coupable un juge
» modéré, l'étranger un juge scrupu-
» leux, et l'indigène un juge affable.
» Qu'il soit d'autant moins disposé à
» confirmer une élection, qu'il n'au-
» roit pas voulu la faire. »

In indagando vivax, in præveniendo

fixus, in decernendo non anxius; in percutiendo parcus, in parcendo assi-duus; in innocente vindex, in noxio temperatus; in advena sollicitus, in indigena mansuetus. Personam tantò nesciat accipere, quantò et contemnat eligere. Ibidem, cap. 7.

« En tout ce qui est de droit public,
» le législateur sera guidé par l'amour
» paternel; en tout ce qui est de droit
» privé, par l'autorité accordée aux
» maîtres; afin qu'il soit aimé de tout
» le monde, comme il sera craint de
» chaque particulier. » *Erit quæcum-que sunt publica patrio recturus amore; quæcumque sunt privata, herili dispen-saturus ex potestate; sicque diligatur in toto, ut timeatur in parvo.* Ibid. cap. 8. Sans doute, il n'est pas permis d'ignorer ces règles, si justes, si raisonnables, que les caprices des hommes ne peu-vent les changer, et que le temps même ne peut les détruire.

On trouve dans Platon (*Traité des lois*) que presque toute l'attention du législateur doit être fixée sur ces deux objets, le *plaisir* et la *douleur :* en effet, dit-il, ce sont deux sources ouvertes par la nature, et qui coulent continuellement. Le gouvernement, l'homme ou l'animal qui y puise dans le temps, dans le lieu, et qui ne prend que ce qui est convenable, est heureux; quiconque, au contraire, y puise sans réflexion ni discernement, est malheureux.

Cette pensée est aussi belle que philosophique.

§. III.

De la Confection des Lois.

En France, le droit de proposer les lois appartient à l'Empereur.

Le Conseil d'état rédige les projets de lois, sous la direction de l'Empereur;

et des orateurs du Gouvernement les soumettent au Corps législatif (¹).

Ces projets de lois sont communiqués par le Corps législatif au Tribunat : chaque section du Tribunat les discute séparément, en assemblée de section (²).

Les orateurs du Gouvernement, et des orateurs pris dans le sein du Tribunat, discutent de nouveau devant le Corps législatif ces projets de lois ; enfin le Corps législatif décrète la loi, après avoir statué sur ces projets par scrutin secret, sans que ses membres les discutent.

§. IV.

De la Promulgation des Lois.

La loi ne peut obliger, qu'autant qu'elle est connue : ainsi, selon l'ex-

(¹) Ils sont toujours pris parmi les membres de ce Conseil.

(²) Jamais en assemblée générale.

pression de Bacon, *ut moneat oportet, priusquàm feriat.* Elle est censée connue par la promulgation; et dès-lors elle devient exécutoire. *Code civil*, art. 1.

C'est la même chose alors d'avoir pu la connoître, et de l'avoir effectivement connue. *Idem est scire, aut scire potuisse, aut debuisse ;* et toute infraction devient alors punissable.

> *Monitus, caveas ne fortè negoti*
> *Incutiat tibi quid sanctarum inscitia legum.*
> Horat. *Satyr.* lib. II, sat. 1, v. 80.

Il seroit superflu d'observer que ces principes ne reçoivent pas d'application aux lois naturelles, puisque ces lois ayant naturellement pris naissance dans le cœur des hommes, aucun d'eux ne peut dire qu'il les ignore.

> *Dixitque semel nascentibus auctor*
> *Quidquid scire licet.*
> Lucan. *Pharsal.* lib. IX, v. 573.

La promulgation des lois a subi diverses modifications qu'il est indispensable de connoître toutes, puisque les lois n'ayant point d'effet rétroactif, *Code civil*, art. 2, il faut savoir précisément à quelle époque chacune d'elles est devenue obligatoire pour les citoyens. Ainsi je parcourrai rapidement les différentes phases de cette partie de la législation.

Sous l'ancien régime, la loi étoit une volonté du Prince, adressée aux cours souveraines, qui étoient chargées de la vérification et du dépôt des lois.

Elle n'étoit point exécutoire dans un ressort, avant d'y avoir été vérifiée et enregistrée.

Cependant les cours avoient la liberté de suspendre l'enregistrement d'une loi, ou même de le refuser ; à plus forte raison pouvoient-elles modifier la loi, en l'enregistrant.

Une cour souveraine pouvoit refuser une loi ; une autre pouvoit l'accepter ; d'où il suit qu'il n'y avoit pas

d'unité ni de certitude dans la législation.

La constitution d'alors ne pouvoit
donc pas être durable dans les temps
qui ont précédé la révolution ; la France
étoit, en quelque sorte, composée de
nations diverses, que le Prince gou-
vernoit, sous les titres différens de *roi*,
de *duc*, de *comte*.

Il maintenoit chacune d'elles dans
ses coutumes et dans ses franchises : il
falloit donc que la loi fût acceptée et
promulguée dans chaque province,
qui formoit ainsi un État particulier ;
ce qui rendoit la forme de promulgation incertaine et peu sûre : car, dans
des ressorts, la loi étoit censée promulguée, et elle devenoit exécutoire
pour tous les habitans du pays, du
jour qu'elle avoit été enregistrée par le
parlement de la province ; dans d'autres ressorts, on jugeoit que la formation de la loi étoit consommée par

l'enregistrement ; on jugeoit qu'elle étoit promulguée par l'envoi aux sénéchaussées et bailliages, et qu'elle étoit exécutoire, dans chaque territoire, du jour de la publication faite à l'audience par la sénéchaussée ou par le bailliage de ce territoire.

Le mode de promulgation a beaucoup varié sous l'Assemblée constituante. Voici d'abord ce qu'a réglé le décret des 8, 10, 11 octobre et 5 novembre 1789 : « Les décrets sanc- » tionnés porteront le nom et l'intitulé » de lois .... Elles seront » adressées à tous les tribunaux, etc. *Voyez le décret des 8, 10, 11 octobre et 5 novembre 1789.*

On voit que, d'après ce décret, les transcriptions, publications et affiches qui se faisoient de l'autorité des corps administratifs et des municipalités, n'étoient que de pures solennités ; et que les lois ne devenoient obligatoires pour les citoyens, que par la transcription, la publication et l'affiche faite au tribunal de leur ressort. Mais il paroît que ce décret n'a reçu aucune espèce d'exécution ; du moins nous voyons que, pendant l'année qui l'a suivi, les décrets acceptés ou sanctionnés ont été promulgués, non, comme il l'ordonnoit, sous le titre de *lois*, mais tantôt sous celui de *lettres patentes*, tantôt sous celui de *proclamations*, tantôt sous celui de *déclarations*, tantôt enfin sous celui d'*arrêts du Conseil*.

Des difficultés s'élevèrent, et elles donnèrent lieu à la loi du 2 novembre 1790. Cette loi est divisible en deux parties bien distinctes : l'une est rédigée en forme de déclaration, parce qu'elle ne se rapporte qu'aux décrets rendus et sanctionnés jusqu'alors ; l'autre est en forme de décret, parce qu'elle a pour objet les décrets à rendre à l'avenir. *Voyez la loi du 2 novembre 1790.*

On voit que, dans cette première partie de la loi du 2 novembre 1790, le législateur ne s'occupe que des lois faites et promulguées précédemment; et que ce n'est qu'à leur égard qu'il établit en principe, que la publication faite soit par le tribunal, soit par l'administration d'un arrondissement, a suffi pour les rendre obligatoires à l'égard de tous les citoyens, à l'égard de toutes les communes de cet arrondissement.

Ce n'est que dans la deuxième partie que cette loi s'occupe des lois à venir; et voici comment elle débute : « Au » surplus, l'Assemblée nationale dé- » crète ce qui suit :

» Art. I.er A l'avenir il sera fait pour » chaque décret deux minutes, etc. » *Voyez les articles suivans.*

Telles sont les dispositions de la seconde partie de la loi du 2 novembre

1790, concernant la publication des lois qui devoient suivre cette époque. Remarquez qu'il n'y est pas dit, comme dans la première partie relative aux lois antérieures, que les lois sont obligatoires par le seul fait de leur promulgation, soit au tribunal, soit à l'administration de l'arrondissement. C'est qu'en effet la deuxième partie de cette loi établit, pour la publication des lois postérieures au 2 novembre 1790, un système tout différent de celui qui avoit eu lieu pour les lois précédentes.

A l'égard de ces dernières, la première partie de la loi veut que la publication faite au chef-lieu judiciaire ou administratif d'un arrondissement, soit, par cela seul, censée faite dans toutes les communes qui en dépendent. Mais, pour les lois postérieures, la seconde partie de la loi, bien loin de vouloir rien de semblable, exige impérieusement que la publication so fasse dans toutes les communes, savoir, dans le lieu de chaque département ou district, par l'administration de district ou de département qui y siége, et dans chacune des autres communes, par la municipalité qui lui est propre.

Aujourd'hui tout décret du Corps législatif, le dixième jour après son émission, est *promulgué par l'Empereur;* à moins que, dans ce délai, il n'y ait eu recours ou dénonciation au Sénat, relativement au décret dont il s'agit.

L'Empereur fait sceller et fait promulguer les lois. Il fait deux expéditions originales (des lois); toutes deux sont signées de l'Empereur, visées par l'un des titulaires des grandes dignités, chacun suivant son droit et son attribution, contre-signées par le secrétaire d'état et le ministre de la justice, et scellées du grand sceau de l'État.

L'une de ces expéditions est déposée aux archives du sceau, et l'autre est remise aux archives de l'autorité publique de laquelle elles sont émanées.

La promulgation est ainsi conçue :

« N. (le prénom de l'Empereur), par
» la grâce de Dieu et les constitutions
» de la République, Empereur des
» Français, à tous présens et à venir,
» salut.

S'il s'agit d'une loi, « le Corps légis-
» latif a rendu, le . . . . le décret
» suivant, conformément à la propo-
» sition faite au nom de l'Empereur,
» et après avoir entendu les orateurs
» du Conseil d'état et des sections du
» Tribunat, le . . . .

» Mandons et ordonnons que les pré-
» sentes, revêtues des sceaux de l'État,
» insérées au Bulletin des lois, soient
» adressées aux cours, aux tribunaux,
» et aux autorités administratives, pour
» qu'ils les inscrivent dans leurs re-

» gistres, les observent, et les fassent
» observer; et le grand-juge ministre
» de la justice, est chargé d'en surveiller
» l'exécution ». *Sénatus-consulte im-
périal, du 28 floréal an 12.*

L'article premier du Code civil est ainsi conçu:

« La promulgation faite par *l'Empe-
» reur* sera réputée connue dans le dé-
» partement où siégera le Gouverne-
» ment, un jour après celui de la pro-
» mulgation; et dans chacun des autres
» départemens, après l'expiration du
» même délai, augmenté d'autant de
» jours qu'il y aura de fois dix myria-
» mètres (environ vingt lieues an-
» ciennes) entre la ville où la pro-
» mulgation en aura été faite, et le
» chef-lieu de chaque département. »
Code civil, art. 1. Pour l'exécution
de cet article est intervenu, le 25 ther-
midor an 11, un décret qui contient
le tableau des distances de Paris à

tous les chefs-lieux des départemens, évaluées en mesures anciennes et nouvelles.

Le sens que l'on tire de la loi, pour lui donner des extensions ou des restrictions que la raison et l'équité requièrent, est ce qu'on appelle *interprétation des lois*, comme nous allons le voir au paragraphe suivant.

§. V.

De l'Interprétation et de l'Application des Lois.

Il faut aider à la loi par l'interprétation. *Lex interpretatione adjuvanda.* L. 64, ff. *de Conditionibus.*

Interpréter la loi, c'est en tirer des conséquences selon l'intention du législateur.

On doit donc consulter plutôt l'intention du législateur, que ses paroles : *Voluntatem potiùs quàm verba spectari oportet.* L. 219, ff. *de verbor. signific.*

« Quoiqu'il ait été fort bien dit que
» personne ne devoit être plus sage que
» les lois, cependant cela doit s'en-
» tendre des lois lorsqu'elles pronon-
» cent, et non lorsqu'elles se taisent. »
*Licet non malè dictum sit neminem
oportere legibus esse sapientiorem, tamen intelligatur hoc de legibus cùm
evigilent, non cùm dormitent.* Bacon,
aphor. 58.

« Lorsque la loi présente un double
» sens, il faut préférer celui qui est
» d'accord avec les principes, sur-tout
» lorsqu'il peut révéler la volonté de
» la loi. » *In ambigua voce legis, ea
potiùs accipienda est significatio quæ
vitio caret, præsertim cùm etiam voluntas legis ex hoc colligi possit.* L. 19,
ff. *de Legibus.*

C'est ainsi que toutes les fois que le
même mot exprime deux idées, il faut
choisir celle qui est plus propre au

sujet que l'on traite. *Quoties idem sermo duas sententias exprimit, ea potissimùm excipiatur quæ rei gerendæ aptior est. L. 67, ff. de Reg. jur.*

Pour connoître les lois, il ne suffit pas de savoir les mots qui les composent, il faut encore être pénétré de leur force et de leur pouvoir. *Scire leges, non hoc est verba earum tenere, sed vim ac potestatem. L. 17, ff. de Legibus.*

Les lois doivent être interprétées favorablement, pour que leur volonté soit exécutée. *Benigniùs leges interpretandæ sunt, quò voluntas earum conservetur. L. 18, ff. de Legibus.*

La coutume est le meilleur interprète des lois. *Optima est legum interpres consuetudo. L. 37, ff. de Legibus.*

L'autorité des coutumes est fondée sur ce que l'on doit présumer que ce qui a été observé pendant un long espace de temps, est juste, est utile. *Voyez Déclaration du 9 février 1772.*

Quand les lois favorisent ce que l'utilité publique, ce que l'humanité, la religion, la liberté des conventions, rendent favorable, alors elles doivent être suivies, quoique les motifs en soient inconnus.

J'ai dit que lorsqu'une loi présentoit un double sens, il falloit préférer celui qui étoit d'accord avec les principes, sur-tout lorsqu'il pouvoit révéler la volonté de la loi. Il suit de là que, si les lois où il se trouve du doute, ou quelque autre difficulté, ont du rapport à d'autres lois qui puissent en éclaircir le sens, il faut préférer à toute autre interprétation celle dont les autres lois donnent l'ouverture. Domat, *Lois civiles*, liv. I, sect. 2, art. 18.

Il n'est point nouveau d'interpréter les lois nouvelles par les anciennes. *Non est novum ut priores leges ad posteriores trahantur.* L. 26, ff. *de Legibus.*

Mais les lois nouvelles apparticnnent aux anciennes, à moins qu'elles ne leur soient contraires; et cela se prouve de plusieurs manières. *Sed et posteriores leges ad priores pertinent, nisi contrariæ sint ; idque multis argumentis probatur.* D. l. 28.

Quelquefois, pour l'interprétation de la loi, on est obligé de recourir au Prince, pour apprendre de lui son intention sur ce qui peut être sujet à interprétation. Cela a lieu, même lorsque le sens de la loi étant clair, il en naît des inconvéniens contre l'utilité publique. Domat, *Lois civiles*, liv. I, sect. 2, pag. 7.

Si quid verò in ..... legibus latum fortassis obscurius fuerit, oportet id ab imperatoria interpretatione patefieri, duritiamque legum, nostræ humanitati incongruam, emendari. L. 9, Cod. *de Legibus.*

Aussi l'histoire nous apprend que le parlement fit des remontrances à

Charles VII, au sujet des modifications qui étoient à faire et des interprétations qui étoient à donner aux anciennes ordonnances : sur quoi est intervenue l'ordonnance de 1445.

Si quelques provinces manquent de règles certaines pour des difficultés dans des matières qui y sont en usage, et que ces difficultés dépendent des coutumes et des usages, on doit s'y régler par les principes qui suivent des coutumes de ces lieux mêmes ; et, si cela ne règle pas la difficulté, il faut suivre ce qui s'en trouve réglé par les coutumes voisines qui en disposent, et sur-tout par celles des principales villes. Domat, *Lois civiles*, p. 9.

Au défaut de lois écrites, on doit observer ce que la coutume et l'usage ont introduit. Au défaut de l'usage et de la coutume, on doit consulter ce qui est observé ordinairement dans les cas qui en approchent le plus.

Si l'on ne trouve point de cas semblables, alors il faut observer la coutume de la capitale. *De quibus causis scriptis legibus non utimur, id custodiri oportet quod moribus et consuetudine inductum est; et si qua in re hoc deficeret, tunc quod proximum et consequens ei est. Si nec id quidem appareat, tunc jus quo urbs Roma utitur, servari oportet.* L. 32, ff. *de Legibus.*

Les jurisconsultes sont chargés de l'interprétation des lois; et les juges, de leur application.

A Rome, le sentiment et les opinions des jurisconsultes avoient un pouvoir tel, qu'il fut ordonné aux juges de ne point s'en écarter. *Quorum omnium sententiæ et opiniones eam auctoritatem tenebant, ut judici recedere à responsis eorum non liceret, ut est constitutum.* Iust. liv. I, tit. 2.

J'ai dit plus haut qu'il falloit plutôt

consulter l'intention du législateur que ses paroles. Il faut conclure de là, que les lois sont mal appliquées, lorsqu'on en tire des conséquences contre l'intention du législateur.

Les lois ne peuvent pas prévoir tous les cas qui peuvent s'offrir aux juges; mais, si un juge s'abstenoit de juger toutes les fois que la loi n'a pas prévu la contestation qui lui est soumise, l'administration de la justice seroit perpétuellement interrompue.

L'article 4 du Code civil y a pourvu, ainsi qu'il suit : « Le juge qui refusera » de juger, sous prétexte du silence, » de l'obscurité ou de l'insuffisance » de la loi, pourra être poursuivi » comme coupable de déni de justice. »

Il est injuste de répondre ou de juger d'après une loi qu'on n'envisage pas sous tous ses rapports. *Incivile est, nisi totâ lege perspectâ, unâ aliquâ particulá ejus propositá, judicare vel responderc.* L. 24, ſſ. *eod.*

Un juge n'est point réputé avoir prononcé contre la loi, s'il a pensé qu'elle ne s'appliquoit pas à l'espèce. *Non videtur judex contra constitutiones pronuntiasse, si existimavit causam per eas non juvari.* L. 32, ſſ. *de Re judicata.*

§. VI.

De l'Abrogation des Lois.

Abroger les lois, c'est les casser, les annuller, les mettre hors d'usage. L'autorité des coutumes et des usages est fondée sur cette raison, que l'on doit présumer que ce qui a été long-temps observé, est utile et juste.

D'où il suit que si quelque loi ou quelque coutume a cessé long-temps d'être en usage, elle est abolie; et comme elle avoit eu son autorité sur le long usage, cette même cause peut la lui ôter; car elle fait voir que ce qu'on a cessé d'observer, n'étoit plus utile. Domat, *Traité des lois*, p. 24.

Lorsque des lois nouvelles sont entièrement contraires aux anciennes, celles-ci sont abrogées par les nouvelles. *Cùm posteriores leges prorsùs contrariæ sunt prioribus, per eas abrogantur priores.* Loi.

Mais (il est à remarquer que) les lois nouvelles appartiennent aux anciennes, à moins qu'elles n'y soient opposées. *Sed et posteriores leges ad priores pertinent, nisi contrariæ sint.* L. 28. ff, *de Legibus.*

Les lois changent souvent, soit par le consentement tacite du peuple, soit par une loi postérieure.

Sæpè mutari solent, vel tacito consensu populi, vel aliâ posteà lege latâ. Inst. §. 2, liv. I, tit. III.

On a fort bien fait d'admettre que les lois s'abrogeroient par désuétude, non seulement par le suffrage du législateur, mais encore par le consentement tacite du peuple.

(Les lois et) les constitutions nouvelles doivent être préférées à celles qui les ont précédées.

Rectissimè etiam illud receptum est, ut leges, non solùm suffragio legislatoris, sed etiam tacito consensu omnium, per desuetudinem abrogentur. (Leges et) constitutiones tempore posteriores, potiores sunt his quæ ipsas præcesserunt. L. ult. ff. de Constit. princip.

(Cependant) ni la prescription, ni même les rescrits, ne peuvent déroger au droit public.

Præscriptio temporis juri publico non debet obsistere, sed nec rescripta quidem. L. 6, Cod. de oper pub.

(A plus forte raison) les conventions entre particuliers ne dérogent point au droit public.

Privatorum conventio juri publico non derogat. L. 45, §. 1. ff. *de Reg. jur.*

En effet, ne seroit-il pas ridicule que ce qui n'est pas permis aux princes, le fût aux particuliers?

Article II.

Des Décrets impériaux.

Le peuple romain, si fier, et si long-temps jaloux de sa liberté et de ses droits civils, perdit enfin l'un et l'autre ; il se soumit à des maîtres ; et par la dernière loi qu'il fit, il s'interdit le droit d'en faire de nouvelles. Il céda toute sa puissance et son autorité à la personne des empereurs ; et la loi *Regia*, faite l'an de Rome 735, investit Auguste de l'autorité souveraine.

Depuis ce temps, la nation ne fut

rien , et le prince au contraire fut tout. De là ces définitions répandues dans le Digeste , les Institutes, etc. qui nous apprennent que la volonté du prince a force de loi.

Sed et quod principi placuit, legis habet vigorem; cùm lege Regia, quæ de ejus imperio lata est, populus ei et in eum omne imperium suum et potestatem concedit. Instit. §. 6 , *de Jure natur.*

Principalis constitutio, id est, quod ipse princeps constituit , pro lege servetur. L. 2 , §. 12, ff. *de Orig. jur.*

Mais jamais les autres peuples n'ont été liés par ces règles du droit romain ; et chaque cité peut se faire à elle-même une constitution , et exercer tous les droits dont elle ne s'est pas dessaisie.

En France, les constitutions de l'Empire font concourir les représentans du peuple (*) avec l'Empereur, pour la formation de la loi; et la dénomination de *décrets impériaux* ne comprend aucune disposition législative, mais se restreint aux réglemens que l'Empereur fait pour assurer l'exécution des lois que le Corps législatif a érigées sur sa proposition.

Comme les Romains, nous distinguons deux sortes de décrets; les décrets personnels, et les décrets généraux. Les personnels regardent seulement certaines personnes, les compagnies, les communautés. En effet, quand le Prince récompense un brave citoyen, quand il accorde sa grâce à un condamné, cela ne regarde que le brave citoyen et que le condamné. Il en est ainsi quand il accorde une faveur à une compagnie, à une communauté.

(*) Le Corps législatif.

Et les décrets généraux concernent tous les citoyens.

De cette distinction il résulte que les décrets impériaux diffèrent des lois, en ce qu'ils regardent tantôt les personnes en particulier, tantôt les personnes en général, et que les lois regardent toujours tout le monde en général.

Ainsi l'on ne peut pas dire indistinctement que les décrets sont des lois ; car nous venons de voir que les décrets qui obligent tous les citoyens sont seuls regardés comme des lois.

SECTION II.

Du Droit non écrit.

Le droit non écrit consiste, en France, dans les dispositions des différentes coutumes de l'Empire, dans les maximes qui se sont formées par l'usage du palais, le sentiment des auteurs, et la jurisprudence des arrêts. *Lajannès*, n. 2.

ARTICLE PREMIER.

Des Réponses des Jurisconsultes.

A Rome, les réponses des jurisconsultes étoient les avis de ceux auxquels il étoit permis de répondre sur les différens points de droit ; car anciennement il y avoit des personnes qui interprétoient le droit en public. César leur avoit accordé ce pouvoir. On les appelloit *jurisconsultes.*

Leurs avis et leurs opinions avoient tant de poids, qu'il étoit défendu aux juges de s'en écarter.

Responsa prudentium sunt sententiæ et opiniones eorum quibus permissum erat de jure respondere, etc......

Quorum omnium sententiæ et opi-
niones eam auctoritatem tenebant, ut
judici recedere à responsis eorum non
liceret, ut est constitutum. Iust. §: 8,
de Jure natur.

Il n'en est pas ainsi en France des
avis et des opinions des jurisconsultes:
les juges ne sont point tenus de les
suivre.

ARTICLE II.

De la Jurisprudence des Arrêts.

Un arrêt est un jugement rendu par
une cour souveraine, contre lequel on
ne peut point se pourvoir par appel,
mais seulement par requête civile, ou
par voie de cassation.

Il y a cette différence entre les arrêts
et les jugemens, que l'on ne peut point
interjeter appel des premiers, et qu'on
peut l'interjeter des autres.

En général, il ne faut pas juger d'après les exemples, mais suivant des lois. *Non exemplis, sed legibus judicandum est.* L. 13, Cod. *de Sententiis.*

Cependant, à défaut de loi, on peut juger d'après des exemples.

Les juges doivent suppléer à ce qui a été omis dans les lois. *Quod legibus omissum est, non omittetur religione judicantis.* L. 13, ff. *de Testibus.*

C'est de là qu'est venu à Rome le droit prétorien, que les préteurs ont introduit pour donner de la force au droit civil, pour le suppléer ou le corriger, suivant que l'exigeoit l'utilité publique. *Et hinc ortum est apud Romanos jus prœtorium, quod prœtores introduxerunt, adjuvandi, vel supplendi, vel corrigendi juris civilis gratiâ, propter utilitatem publicam.* L. 7, ff. *de Just. et Jure.* L. 12, ff. *de Legib.*

Dans les doutes que présentent les

lois, l'autorité des choses toujours jugées de la même manière doit avoir force de loi. *In ambiguitatibus quæ ex lege proficiscuntur, rerum perpetuò similiter judicatarum auctoritatem, vim legis obtinere debere.* L. 38, ff. *de Leg.*

Il me semble que la raison suffit pour démontrer la vérité de toutes ces règles : ainsi le lecteur me permettra de n'avoir point recours à des exemples.

Article III.

De la Coutume et de l'Usage.

Les coutumes sont des lois qui, dans leur origine, n'ont pas été écrites, mais qui se sont établies, ou par le consentement d'un peuple et par une espèce de convention de les observer, ou par un usage insensible qui les a autorisées. Domat, *Traité des lois,* chap. xi, pag. xxiij.

Ainsi les lois dont il ne paroît pas d'origine, mais qui se trouvent reçues par l'approbation universelle et l'usage immémorial qu'en a fait le peuple, sont appelées *coutumes*.

Dans les états sujets à un souverain, les coutumes ne s'établissent ou ne s'affermissent en forme de lois que de son autorité. Ainsi, en France, les Rois ont fait arrêter et rédiger par écrit et ont confirmé en lois toutes les coutumes, conservant aux provinces les lois qu'elles tiennent, ou de l'ancien consentement des peuples qui les habitoient, ou des princes qui y gouvernoient. Domat, *Lois civiles*, page 3.

L'usage, parmi nous, diffère de la coutume : car nous donnons le nom d'*usage* au droit qui, en France, par une longue habitude, s'est acquis la force de loi, mais qui cependant n'est point écrit ; tandis que nous appelons proprement *coutumes* le droit français écrit, puisqu'elles sont rédigées par écrit.

Il est bon cependant de remarquer que les coutumes ne sont point appelées *droit écrit*, pour les distinguer du *droit romain*, ainsi nommé.

L'autorité des coutumes et des usages est, comme on l'a déjà vu, fondée sur cette raison, qu'on doit présumer que ce qui a été long-temps observé est utile et juste.

D'où il suit que si une coutume a cessé long-temps d'être en usage, elle est abolie : en effet, si elle a cessé long-temps de subsister, c'est une preuve que l'on ne reconnoissoit plus son utilité.

Nous avons vu aussi que les coutumes et les usages servent de lois ; *à fortiori*, ils doivent servir de règles pour l'interprétation des lois. Il faut conserver ce que la coutume et l'usage ont établi. *Id custodiri oportet quod moribus et consuetudine inductum est.* L. 32, ff. *de Legibus.*

Au défaut de l'usage et de la coutume, on doit consulter ce qui est observé ordinairement dans les cas qui en approchent le plus. *Et si qua in re hoc deficeret, tunc quod proximum et consequens ei est.* Ibid.

Si l'on ne trouve point de cas semblables, il faut observer la coutume de Rome. *Sed si nec id quidem appareat, tunc jus quo urbs Roma utitur servari oportet.* Ibid.

Tel étoit parmi nous l'effet de la coutume de Paris, quand les autres se taisoient.

Lorsque l'on s'appuie sur la coutume d'une ville ou d'une province, je pense qu'il faut d'abord examiner si cette coutume a été confirmée par un jugement contradictoire. *Cùm de consuetudine civitatis vel provinciæ confidere quis videtur, primùm illud explorandum arbitror, an etiam contradicto aliquando judicio consuetudo firmata sit.* L. 34, ff. *de Legibus.*

En France, lorsqu'il s'agit de la coutume ou de l'usage, on exige les actes que l'on appelle *de notoriété.*

J'AI cru nécessaire pour moi-même, et utile pour les autres, de réunir dans un même cadre toutes les notions qui concernent les lois en général, et les lois civiles en particulier. On conçoit, en effet, que les cinq articles qu'offre sur cette matière le titre préliminaire du Code civil, ne suffisent pas pour compléter les idées que l'on doit avoir sur les lois. Le Code ne parle ni de la loi elle-même, ni de sa confection, ni de son interprétation, ni de son abrogation; il ne dit rien non plus des décrets impériaux, des réponses des jurisconsultes, de l'autorité des arrêts, de l'usage et de la coutume; et cependant, il suppose évidemment que les lois écrites ont besoin de complément, puisque l'article 4 enjoint aux juges de juger, même en cas de *silence* et d'*obscurité* de la loi. Il falloit donc remplacer ce silence du législateur par le langage des auteurs et des magistrats, et dissiper cette obscurité en donnant des règles pour l'interprétation des lois. Les rédacteurs du Code civil avoient tellement senti le besoin de notions préliminaires sur cette matière, que, dans leur projet de Code, ils les avoient proposées sous le titre de *prolégomènes*; mais ils ont cru ensuite (ce sont leurs expressions) qu'il falloit faire *la part de la législation, et celle de la science.* Ils ont senti « qu'il est dans la

» nature des choses qu'il y ait un grand
» nombre d'affaires dont la décision
» soit abandonnée à l'empire de l'usage,
» à la discussion des jurisconsultes, à
» l'arbitrage des juges. » J'ai profité
de cette faculté, et j'ai tâché de
présenter des idées claires, des idées
nettes, qui, parfaitement conformes à
la raison naturelle, ne contrariassent
en rien la loi civile, et servissent, au
contraire, à la rendre plus intelligible
en la rendant plus complète.

FIN.

TABLE.

Fin de la Table.

De l'Imprimerie de PLASSAN, Imprimeur de la Grande-Chancellerie de la Légion d'honneur, rue de Vaugirard, n.° 9, près de l'Odéon.

9 782013 547420